MW01620248

Al Gran Pi y a nuestros días de campo. G.Z.
A Maurizio, a Orlando y a la mejor cocinera. M.D.G.

www.abuenpaso.com
Diseño gráfico: Anna Martinucci | Adaptación diseño gráfico: Estudi Miquel Puig
Traducción: Héctor Gómez Navarro | Corrección: Pau Estrada

Impreso en Italia por AA PrintArts, en el mes de septiembre de 2022
ISBN: 978-84-17555-80-1 | Depósito legal: B 14968-2022

LA SOPA DEL SEÑOR Leprion

de

GIOVANNA ZOBOLI

ilustraciones

MARIACHIARA DI GIORGIO

traducción

HÉCTOR GÓMEZ NAVARRO

abuenpaso

El señor Lepron es una hermosa liebre, de pelaje brillante y largas orejas. Vive en el bosque y en primavera salta bajo la luna; en invierno se vuelve de color blanco; en verano, del color de la tierra y en otoño... en otoño nadie sabe, porque se confunde con las hojas.
El señor Lepron tiene una madriguera agradable y acogedora, muchos hijos, muchos nietos, muchos bisnietos y una auténtica pasión por las verduras.

Todas las mañanas, las admira en el huerto de los señores agricultores. Hay coles, verdes y rojas; zanahorias, de diferentes tamaños; hay cebollas, blancas y amarillas; verdes matas de apio. Hay lechugas, remolachas, espinacas; rábanos, nabos, coles, habas y judías verdes.

Hay hierbas aromáticas con flores; hay ajos, todos en fila; patatas, bajo la tierra; unas plantas de calabacín de flores doradas y, en un rincón, sobre un montón de estiércol negro, unas magníficas calabazas.

El señor Lepron hace la mejor sopa del mundo. La prepara con verduras de la huerta de los señores agricultores, una vez al año –el primer día de otoño– con la ayuda de sus nietos, hijos y bisnietos.

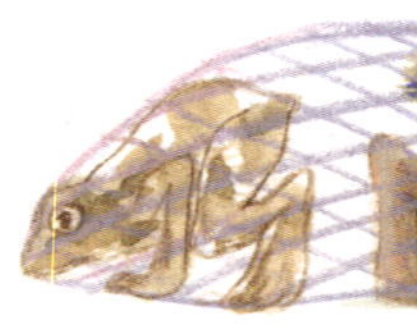

Hay quienes traen un frijol, otros una judía verde, algunos un nabo, otros una hoja de salvia. Hay quienes se ocupan de las cebollas y otros de las zanahorias; quien es especialista en repollo y quien lo sabe todo del apio. También hay fanáticos de las verduras de hoja verde: espinacas y acelgas. Incluso hay quien se atreve a traer una calabaza.

El señor Lepron tiene una hermosa olla de sopa, comprada por correo en un país famoso por sus baterías de cocina. Es una olla muy grande porque, cuando hay una celebración, vienen muchas liebres y cada una quiere su propio plato de sopa. Esta olla no permite que nadie se acerque cuando cocina la sopa: igual que el señor Lepron.

El señor Lepron mete todas las verduras en la olla, luego le echa todas las hierbas silvestres (las hierbas locas no: esas las deja en los campos, que son malas). Después le pone suficiente agua y por último enciende el fuego. Luego, cuando la sopa empieza a hervir, le añade una pizca de sal y se queda dormido.

Mientras duerme, el señor Lepron sueña con ser un famoso cocinero, invitado a todas las cortes de los reyes para cocinar su famosa sopa Lepron. Sueña con fuegos de plata, cucharones misteriosos y fogones mágicos que cantan para dorar las patatas. Sueña con huertos secretos donde crecen verduras desconocidas, cultivadas para platos cuya receta se ha perdido para siempre.

Sueña con el famoso huerto de cristal, donde las pepitas de ciruelas, melocotones y manzanas traquetean con cada soplo de viento, encerradas en la pulpa transparente. Y también sueña con dos barcos: uno cargado de mayonesa y el otro de salsa verde.

Cuando despierta, la sopa está lista.

Nadie sabe por qué la sopa del señor Lepron está tan buena. Algunos agricultores se colaron en su madriguera para probarla y tratar de robarle a esta liebre su receta, con la lista de ingredientes y los pasos de preparación. Querían así, por fin, preparar esa sopa superfina que causa tan buena impresión entre familiares y amigos.

Pues ni siquiera a ellos les sale tan bien la sopa. Y eso que las verduras son las mismas, ¡las de su huerto! Y hasta las hierbas silvestres son iguales (una vez siguieron al señor Lepron hasta el prado, y vieron cuáles recogía).

Pronto la sopa del señor Lepron se vuelve famosa. Primero la prueba el caracol, luego el tejón, luego el zorro, una araña y después un gran saltamontes verde. Luego un ciervo y dos ancianos parientes de los agricultores: estos han venido de lejos, a propósito, para saborear aquel prodigio. Más tarde el cartero y también la panadera.

Luego, poco a poco, paso a paso, empiezan a venir de toda la región a disfrutar la sopa. Y después de todo el país, y más tarde de otros países y, finalmente, de todo el mundo.

Y vienen también, a enterarse del secreto de la sopa, famosos *chefs* y expertos en cocina.

Pero nada: la receta de la sopa –dice el señor Lepron– es la más sencilla que uno pueda imaginar. Simplemente una receta de sopa como tantas otras: agua, hierbas aromáticas, verduras y una pizca de sal.

Pero nadie cree al señor Lepron cuando lo explica. Algunos maliciosos insinúan que, sin duda, hay un ingrediente secreto que el señor Lepron calla celosamente. Algunos dicen que la sopa está tan buena por el agua del bosque. Otros, que por el aire de la zona. Otros, que por el suelo en el que crecen las verduras. Pero los agricultores explican que no: ellos hacen todo igual que el señor Lepron. Los mismos ingredientes, el mismo proceso, el mismo aire, la misma agua… Y, sin embargo, la sopa es diferente. Ni los hijos, nietos y bisnietos del señor Lepron conocen el misterio de la sopa.

Y entonces, de repente, una mañana, sin que nadie se lo espere, se abre en el bosque la fábrica Lepron: un gran edificio de ladrillos donde se cocina sopa día y noche.

SOUP
LEPRON
LEPRON
Lepron

El supervisor es el señor Lepron en persona. Él determina las cantidades, los ingredientes, los tiempos de cocción. Inventa nuevas ollas en las que cocinar,

incluso diseña los tarros en los que poner la sopa, sus etiquetas y las inscripciones de los camiones y aviones que la repartirán por todo el mundo.

Pronto en las estanterías
de las tiendas de alimentación
más prestigiosas se encuentran
las latas de Sopa Lepron.
Con sus variedades: la clásica,
la de hinojo silvestre,
la de tomate, la de champiñones,
la de col negra y la de remolacha,
que tiene un hermoso color
violeta.

Lepron
ORIGINAL
SOUP
COOKED AND PACKED BY
LEPRON CO.

Todo el mundo quiere la Sopa Lepron, genuina y sana, sabrosa y delicada, incluso los niños (a quienes no les gusta mucho la sopa). Todas las noches, el señor Lepron, después de poner sal en las ollas de sopa,

se duerme felizmente y comienza a soñar.
Sueña con reyes y reinas que se dan un festín con su sopa de remolacha y se ponen todos de color violeta también.

Sueña con Pegaso, el caballo alado, que se lleva la sopa al cielo. En el cielo, el señor Lepron escucha a Júpiter, Juno y los dioses del Olimpo parloteando: dicen que nunca han comido una sopa tan buena

y de inmediato deciden hacer las maletas para visitar la fábrica Lepron, allá abajo entre los árboles. Y los dioses ordenan a Apolo que preparare su carro para llegar cuanto antes a la Tierra.

Y luego, al día siguiente, el señor Lepron sueña que el mar se convierte en sopa y extraños peces nadan en él. Y más tarde sueña que las brujas se bañan en sopa y su piel se vuelve hermosa. Y, al día siguiente, sueña que la sopa se desborda de las ollas y empieza a inundar el bosque

y se forma una gran laguna que los habitantes llaman la Verdurosa. De ella escapan todas las ranas y son reemplazadas por una terrible población de glotones de sopa que se quedan todo el día en la orilla sin hacer nada, con la cuchara colgando de la mano.

Y así, mes tras mes, después de la pizca de sal, el sueño del señor Lepron se vuelve más agitado: sueña que las verduras no son suficientes. Sueña con aviones retrasados y furgonetas que hacen entregas equivocadas: la sopa de hinojo que se suponía que iba a la Antártida se entrega en España y, en su lugar, de los *bricks* sale sopa de champiñones (y todo el mundo sabe que las poblaciones antárticas son alérgicas a los champiñones). Sueña con tormentas de granizo que arruinan los famosos huertos Lepron, donde se cultivan las verduras más sabrosas del mundo. Sueña que su última camada de nietos, liebres blancas y negras que son el orgullo de la familia, caen por accidente en una de las ollas Lepron, y a punto están todas de ahogarse, de no ser por la intervención del vigilante nocturno que las saca de la olla, todas sucias y humilladas.

Y así, sueña que te resueña, los reyes, los dioses y los huertos de cristal desaparecen, reemplazados por masas de glotones vagos de labios muy feos. Y un día, en la realidad, y no en el sueño, llegan las primeras quejas. La Sopa Lepron ya no es la misma, dice un cliente. Se ha vuelto como todas los demás, solo que más cara, dice otro.

Han cambiado la forma en que se cortan las verduras, dice un tercero. Han abierto una nueva planta que utiliza vegetales liofilizados, dicen ciertos rumores descabellados. Pero muchos se lo creen, porque los rumores descabellados son lo que más le gusta a la gente.

Pero es cierto que la sopa ha cambiado. O más bien: la sopa no ha cambiado. El que ha cambiado es el señor Lepron. Ha cambiado tanto que ya ni siquiera sueña con entregas equivocadas: ya no sueña con nada, solo con un rectángulo negro. De hecho, ya no tiene el bonito pelaje brillante y las orejas se le han quedado un poco flojas, que es lo que le ocurre a cualquiera que se pasa la vida pensando en cuántas cajas de sopa tiene que repartir por el mundo cada día.

Así, una mañana, después de una noche de insomnio junto a una de las ollas hirviendo de la Sopa Lepron, el señor Lepron convoca a los reporteros. Y les explica que el famoso establecimiento Lepron, dueño de la sopa del mismo nombre, cerrará a la medianoche de ese día, que es el 21 de marzo, comienzo de la primavera. Y, una vez que se agoten los suministros de invierno de sopa Lepron, finalmente se retirará.

La noticia da la vuelta al mundo al instante.
De repente, ante la idea de no tener más,
la gente vuelve a pensar que la Sopa Lepron
es la mejor de todas.

Las tiendas de *delicatessen* enloquecen y empiezan a pedir grandes cantidades de Sopa Lepron. Hasta hay sospechas de que se trata de una diabólica maniobra publicitaria para salvar la empresa Lepron, al borde de la quiebra.

LA ZUPPA

El teléfono de la fábrica Lepron también se vuelve loco, sonando sin cesar todo el día, pero en vano. Ante el anuncio del señor Lepron, todas las liebres que trabajaban para Sopa Lepron dejan sus delantales y uniformes y vuelven a saltar por los campos.

El señor Lepron está con ellas. Feliz, juega hasta tarde con la camada de liebres blancas y negras que finalmente pueden pasar un tiempo con su tatarabuelo.

Quieto bajo la luna, una noche de verano, el señor Lepron logra por fin pensar en la única sopa del año que quiere cocinar. La sopa del primer día de otoño, 21 de septiembre, hecha en esa olla que no permite

que nadie se acerque cuando cocina, con las mejores verduras hervidas a la sombra de los dulces sueños, que son solo sueños y son tan hermosos que hacen las mejores sopas. Una vez al año.

Lepron
LEPRON CO.

Lepron
LEPRON CO.

Lepron
LEPRON CO.

Lepron
LEPRON CO.

Lepron
LEPRON CO.

Lepron
LEPRON CO.

Lepron
LEPRON CO.

Lepron
LEPRON CO.